COLOR TO RELAX

COLOR TO FORGET

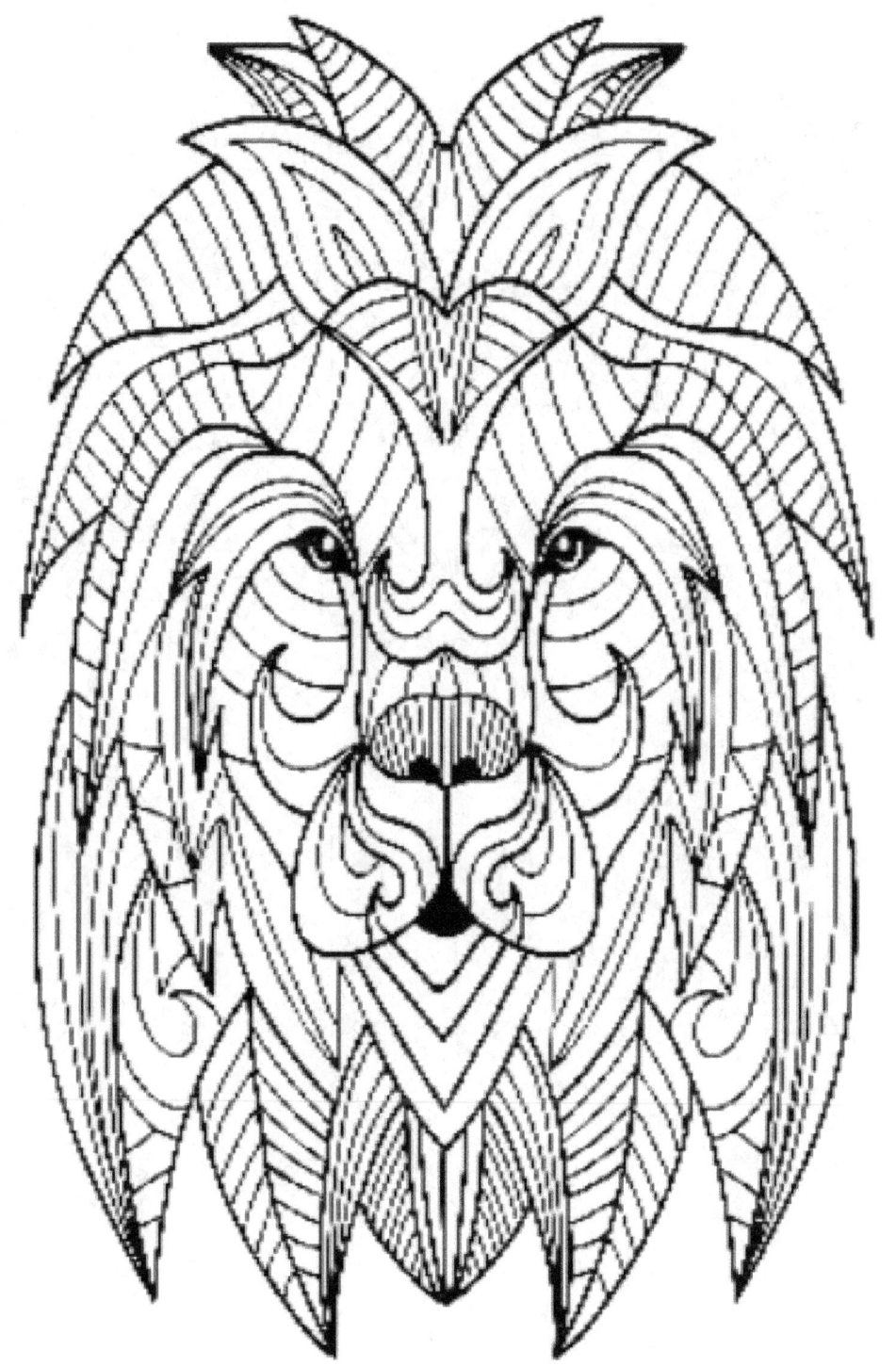

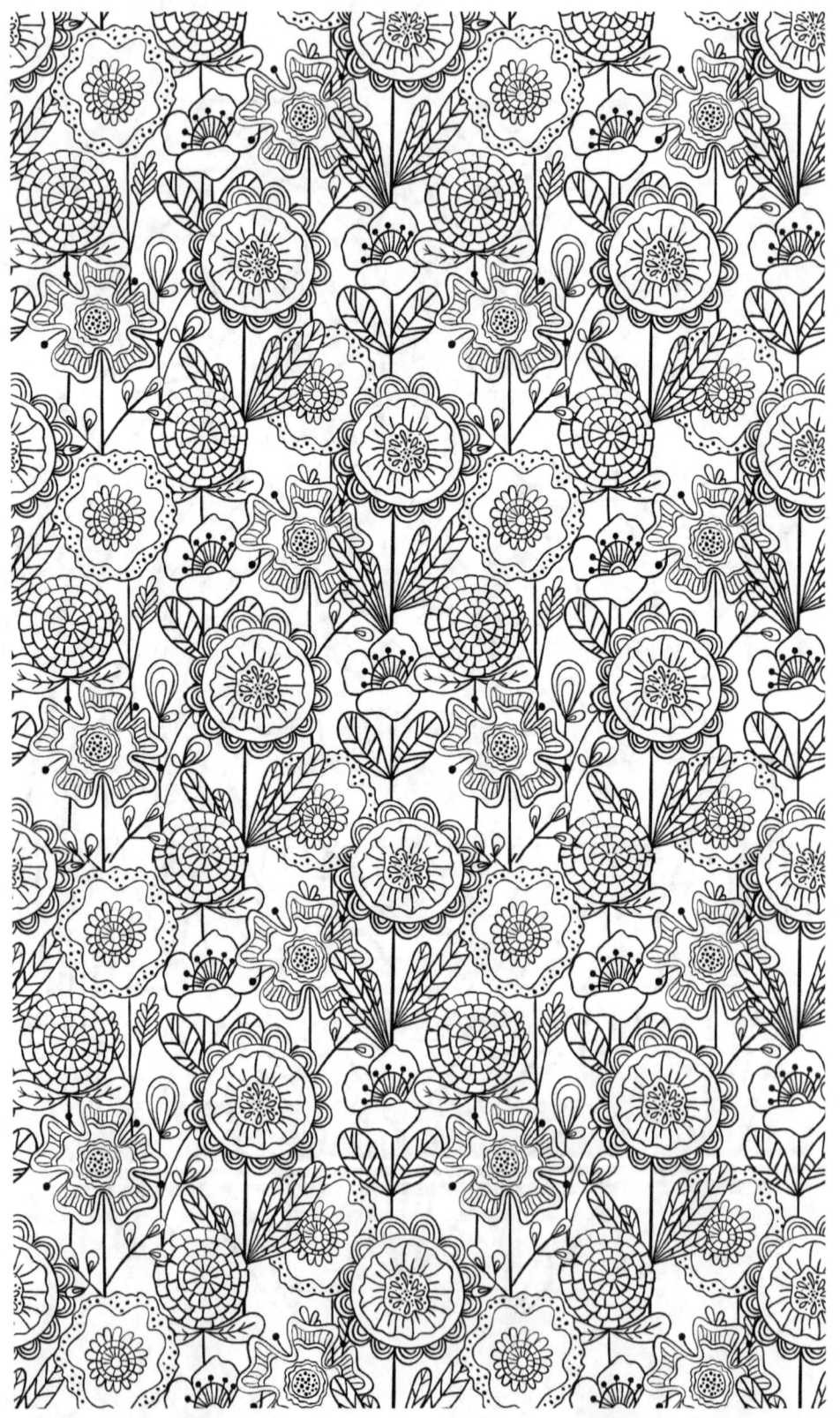

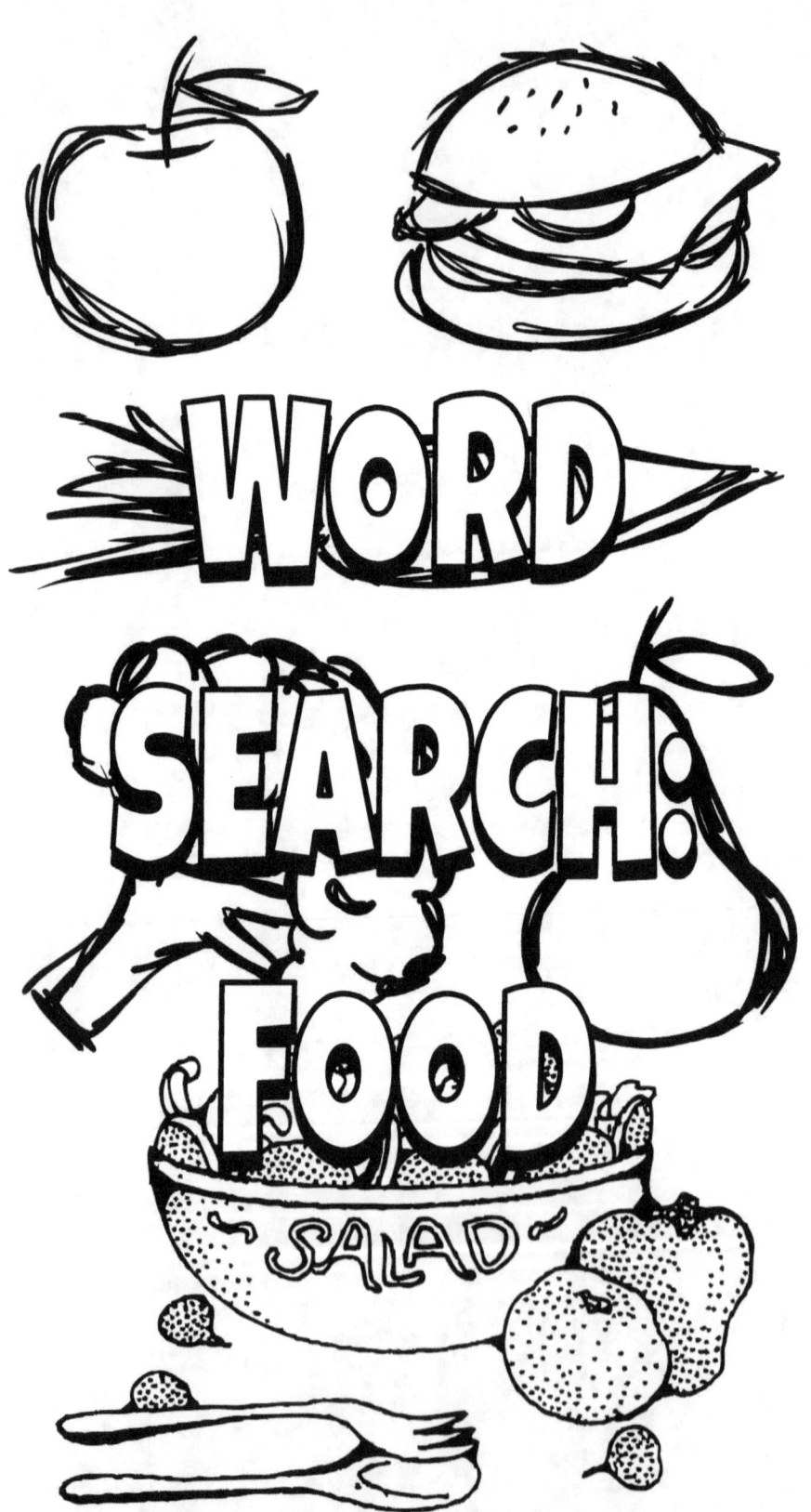

```
S H B K F S J B S L I T N E L
X P A A E I R U O R C P J D L
W L L C R O S A N D H W N O F
E Z I I C L L H I Y I H V Q D
I P O C T O E S O R C Q N D Q
S C O F B P M Y N E K V S X B
F L U B T A E V D L P T T O R
I G A R L I C A V E E F E R U
N V R C L L Y X S C A U E I H
B W F E E X X M N P S T B C W
H W E B I S N A E B I D S E A
V K K I D N E Y B E A N S A Q
S R H M I P S X O S Y R R X P
B E E F U T M D N Z N X Z U R
J Y M L N M E Q L J Q I N Z T
```

BARLEY	BEANS	BEEF	BEETS	BROCCOLI
CELERY	CHICKPEAS	CLAMS	FISH	GARLIC
KALE	KIDNEY BEANS	LEEKS	LENTILS	ONION
SPLIT PEAS	TURNIPS	RICE	PASTA	SPICES

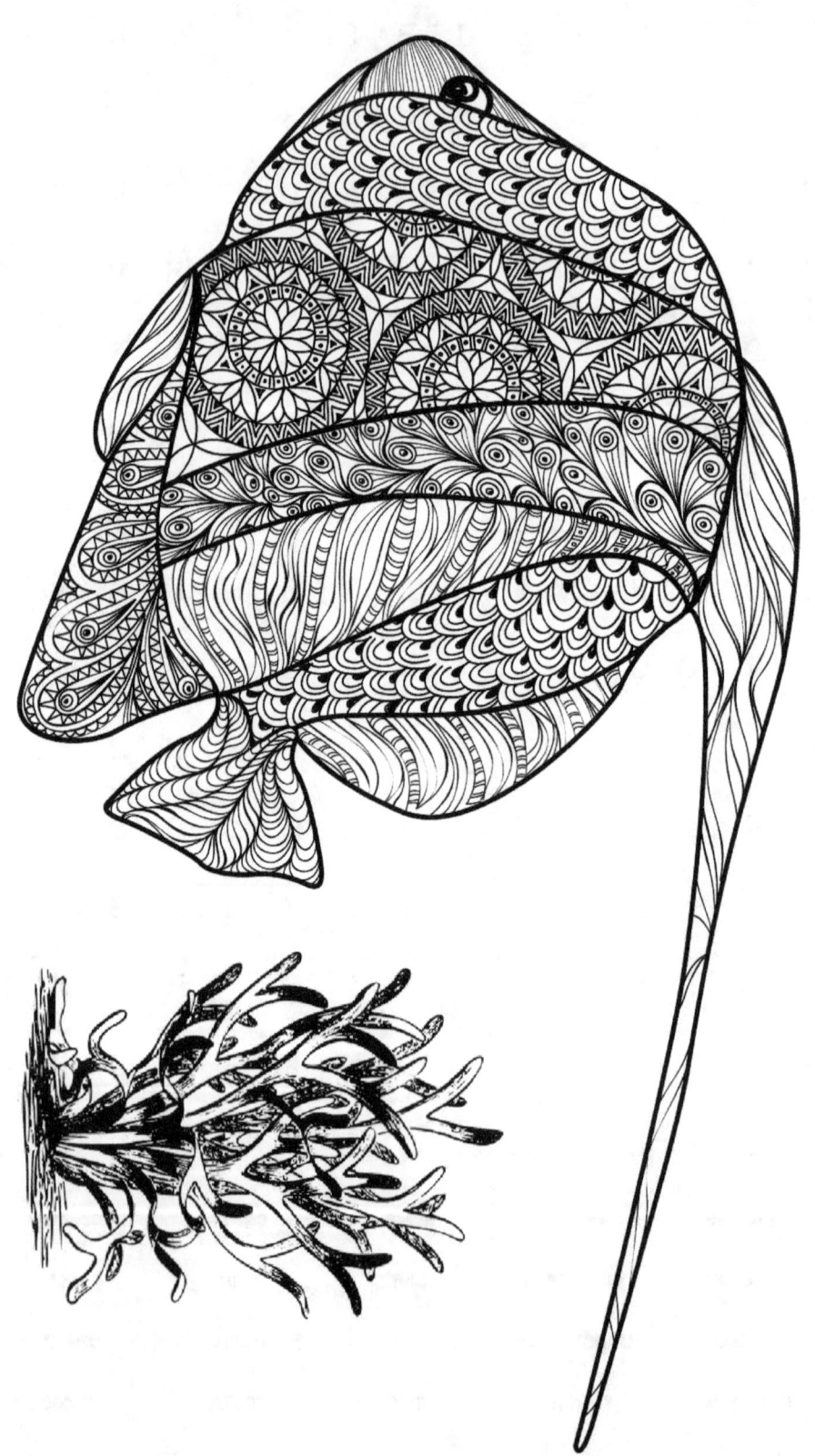

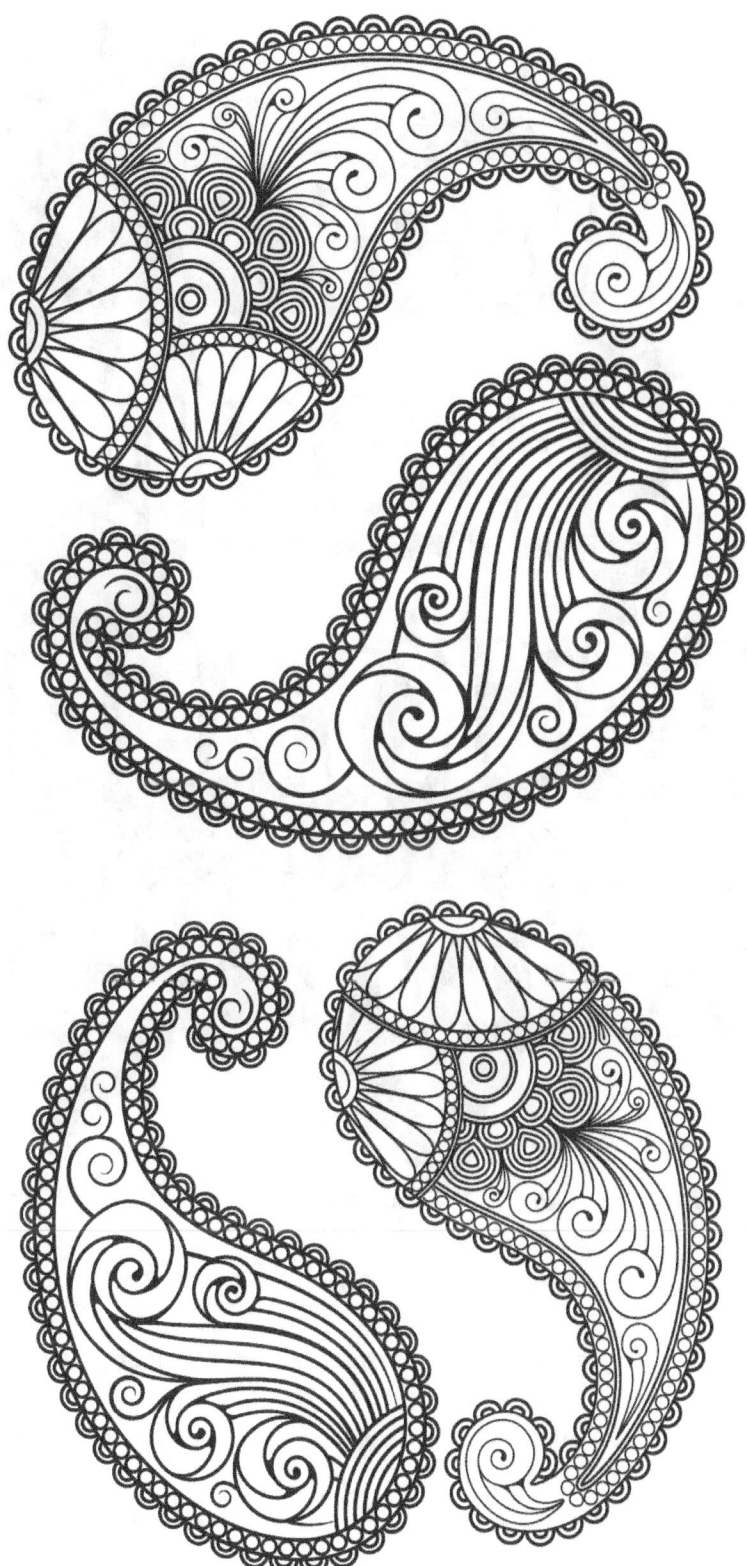

WORD SEARCH: BACKYARD ACTIVITIES

BADMINTON	BBQ	CAMPING	CATCH	CLIMBING
CROQUET	FORT	FRISBEE	GARDENING	LEMONADE
LOUNGING	PARTY	PICNIC	PLAYGROUND	READ
RELAX	SLIDE	SWIM	SWING	TENT
	TRAMPOLINE		VOLLEYBALL	

```
S O X J U Q U C L N E G W B P C E F O S
O B D L F J K Z L T T R I I B C F N W A
J J B X T O T G A I T E N T I Q O I R E
C Y Q M T I N Q B W M H Z N Q T N E C E
W O U I H B I R Y L G B C B N G R E C R
T B J D K L V K E V R I I I Q U S B G K
P E H Y N F F J L Z P E M N R I U S S U
D N U O R G Y A L P I D L Y G Z Z I S B
T D N Q J C L Q O I A O C A T C H R L P
F R T W O I X B V B U V B D X L U F I D
E C O Y T R A P M N T G N I P M A C D A
U N N F B O C I G A R D E N I N G G E E
Q E I Y F P W I H B Y P R L U C F V P R
Z W M L E S N F U Y G W F E R F O Q G J
W O E V O G D I L J I I C M Z H H V C F
A J N H G P O I R U E H T O V L H M U L
A F Y F F N M U L P O H E N S J Q C M R
Z Q K T T R N A S X J I Y A P E E U G G
N L I X C J B P R L K Z W D Q U U U M A
K J L X O R N F I T N T H E Z E J A E Q
```

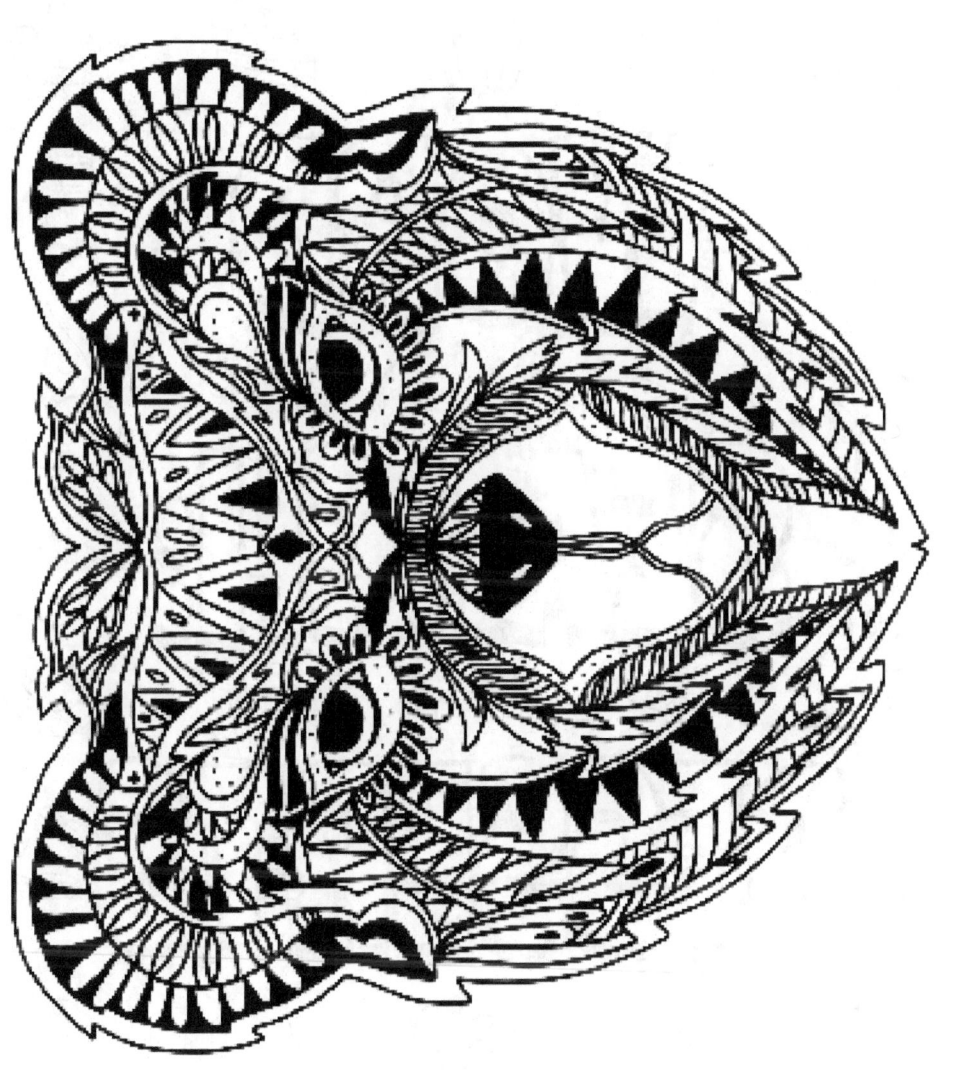

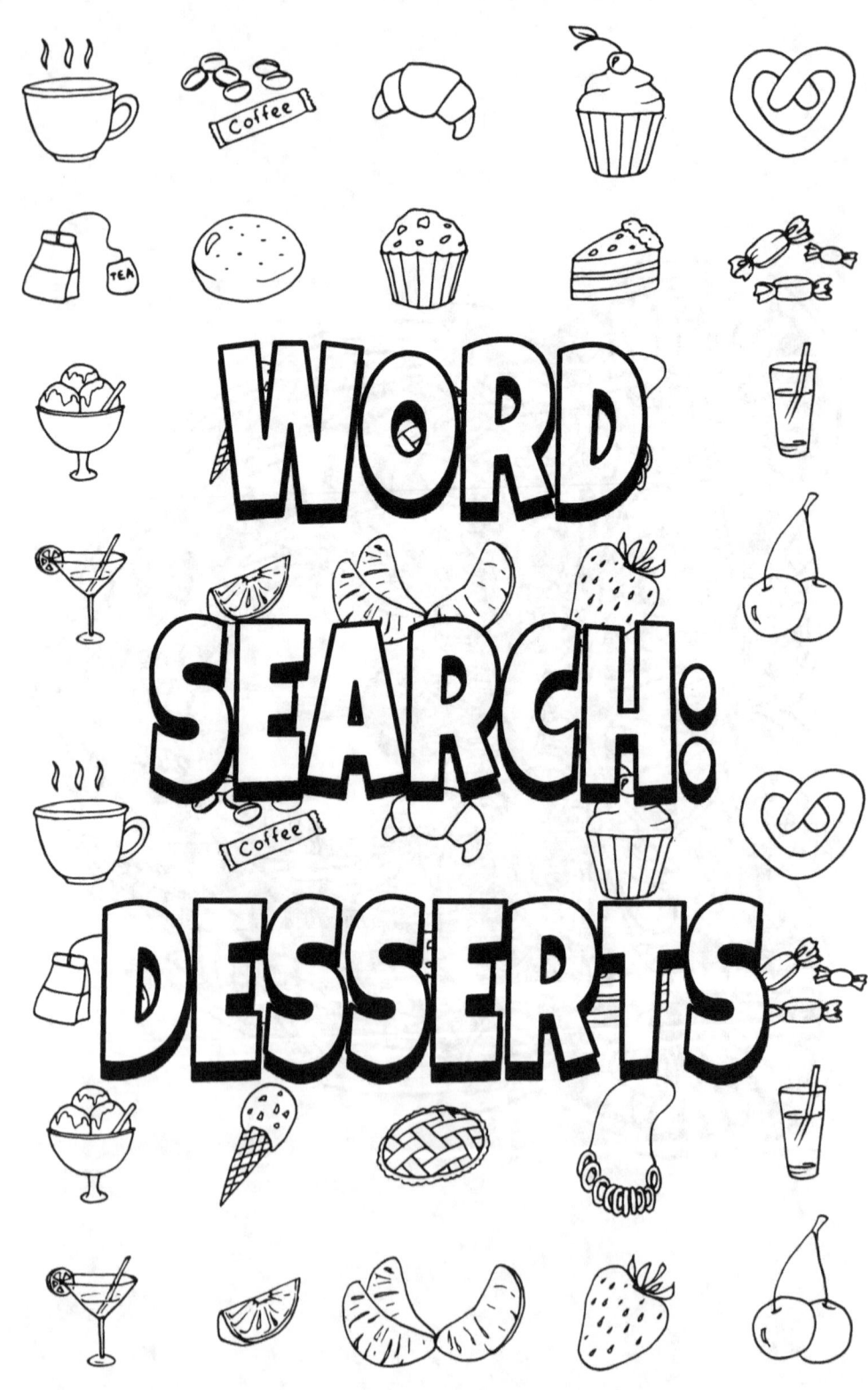

```
F C O D F K P V S G R C S O R B E T D C
T F O R U A D E Y L H E G D U F Y K J U
V C U B R G R D E E U N E W J T Y F E P
J I T F B O D R E K P U D D I N G D S C
T G A P M L T S Z A A R J E N A A T S A
P I Q S Y T E M H C G H I F I Y X U U K
T K X B K C A R S V W S S M K L D N O E
R H E S A E Y E H C L Q U K B T Y H M A
I N Q K R U C L I T C P C N L N O G C H
F Z E C P E I M D K D P F L D I N U W R
L Y E X B I E T A L O C O H C A M O E P
E C T U Q C E F B W P O L J L C E D P G
I M H S M N J B L I E B C F L P W S H R
X B Z L A D X G R Z E H H Z O A L M M J
H M E T J P E L F F U R T A R T Y Z Y C
```

CAKE   **CHEESECAKE**   **CHOCOLATE**   **COBBLER**

COOKIE   **CUPCAKE**   **DOUGHNUT**   **FLAN**

FRUIT   **FUDGE**   **ICE CREAM**   **MILKSHAKE**

MOUSSE   **PARFAIT**   **PASTY**   **PIE**

PUDDING   **SMORES**   **SORBET**   **SUNDAE**

TART   **TRIFLE**   **TRUFFLE**

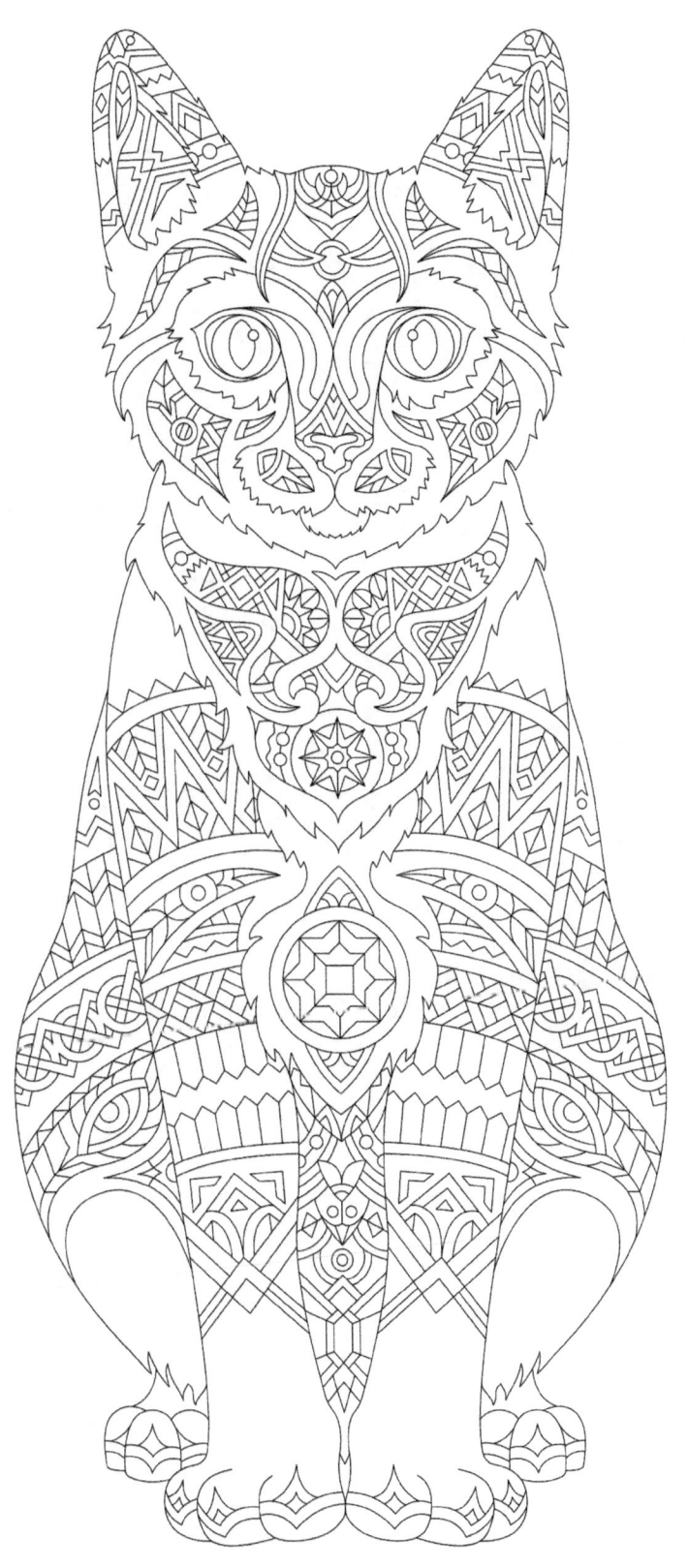

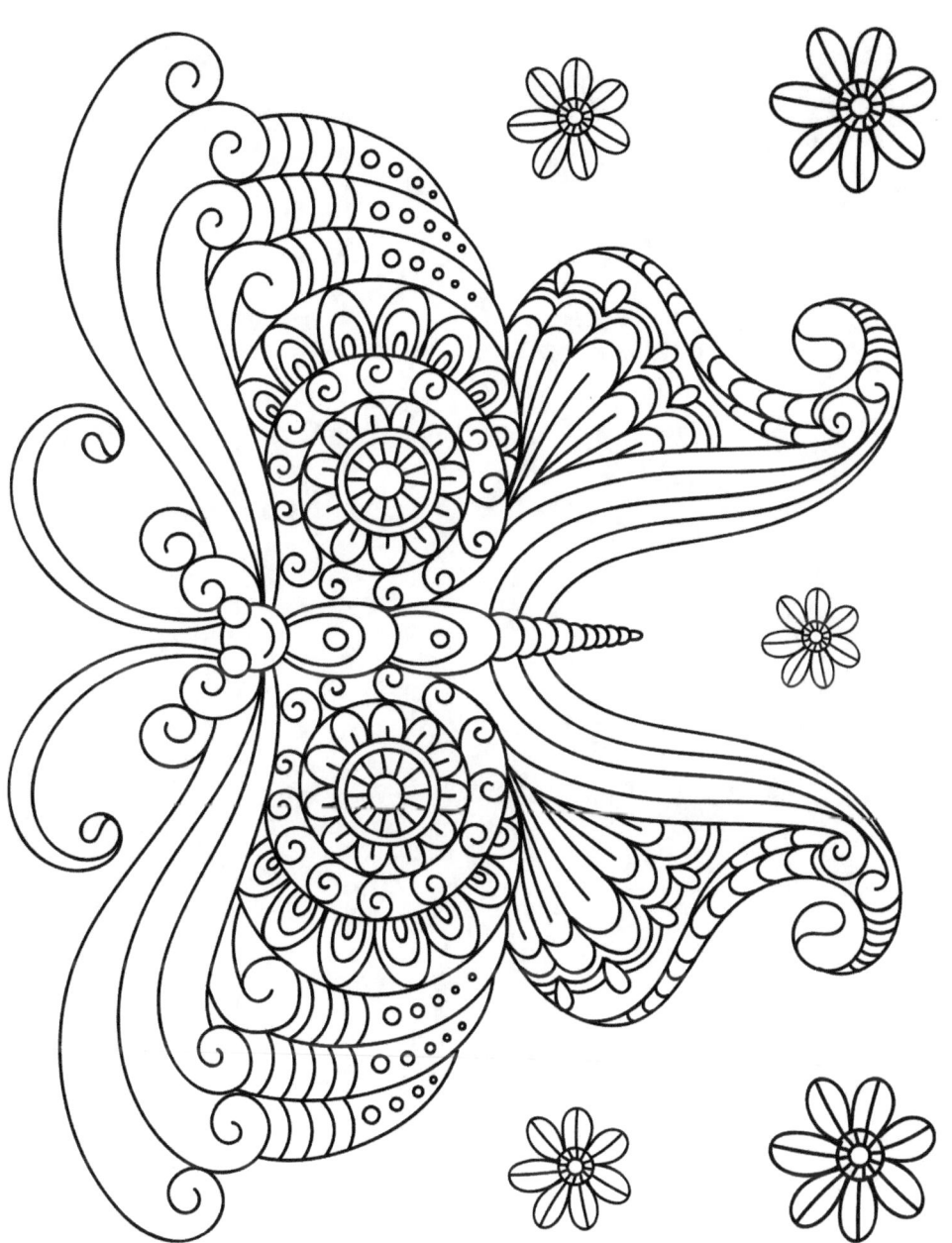

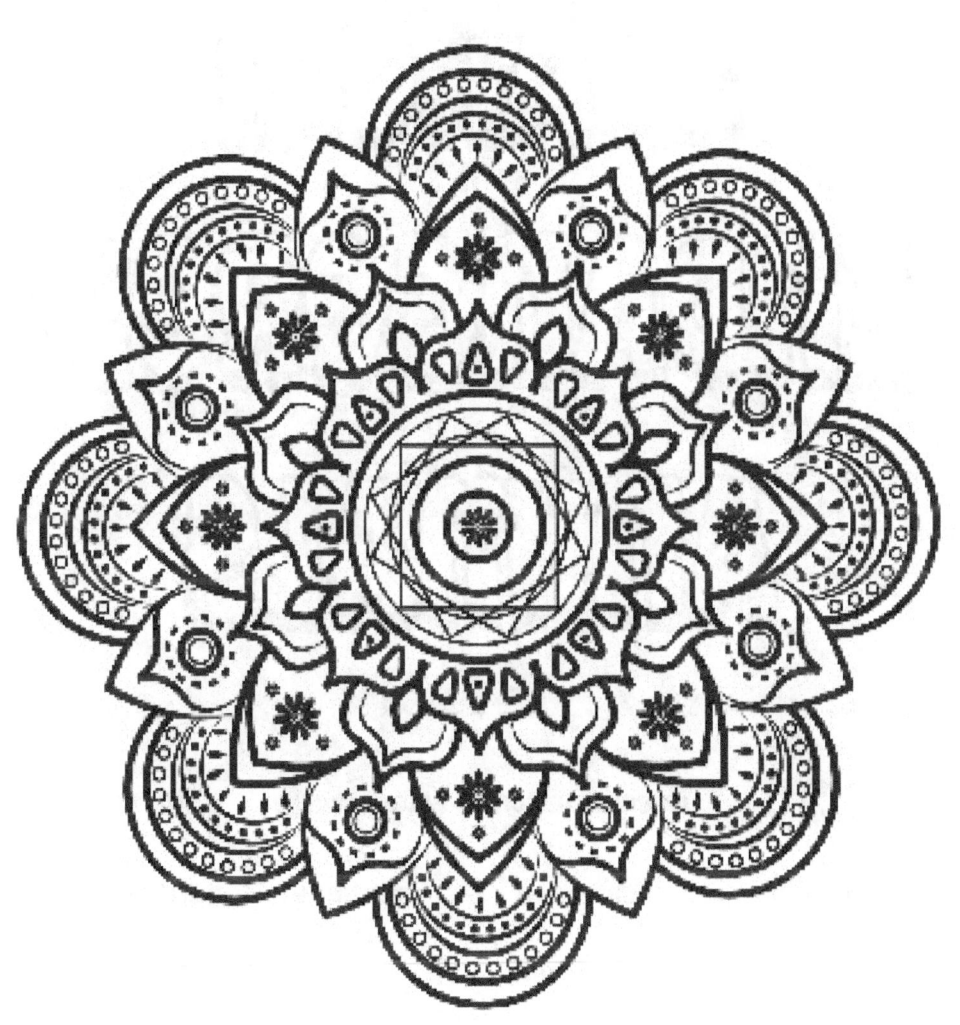

WORD SEARCH: ENDANGERED ANIMALS

AFRICAN ELEPHANT	AMERICAN BISON	BELUGA WHALE	BLUE WHALE
CHEETAH	CHIMPANZEE	CHINCHILLA	FRILLED LIZARD
DINGO	ELEPHANT SEAL	EMU	JAGUAR
KIWI	KOALA	KOMODO DRAGON	LEMURS
LION	NARWHAL	PANGOLIN	POLAR BEAR
	TIGER	WOMBAT	

```
N E R C A B F X R J V X N R M R D L C D
K O M O D O D R A G O N I E M P A E H R
E G S P B W U X L H U W L G A E O M I A
R L Y I O X J A Q R A D O I S Z X Z M Z
N G A M B D I H L T E I G T Q G V M P I
N M B H O N A C G A W W N I S L B L A L
N A K E W T A Y Y I O A A P O E G U N D
T F R F E E F C K B H K P G C M W U Z E
E L K E J K U C I P E L G H S U M S E L
Q K H C V N E L E R O L I K G R A K E L
C C O G N I D L B V E N U O I S A Y M I
T L B L I N E O Z B C M J G Q L T L Q R
N A R W H A L H D H X N A A A A Z N K F
M P Z N Y Z T T I Y K P D H G W D F W M
N G J H E L U L M M B M A L E U H S Z H
T N A H P E L E N A C I R F A M A A R G
D T O X O A R A E B R A L O P T U R L Y
T E P T O C V D P Y W O V Z W N L Y R E
D L I O N O W I H D F K W D H C E C W E
W C F U Z Q J L A Z C G Z F F O L X G N
```

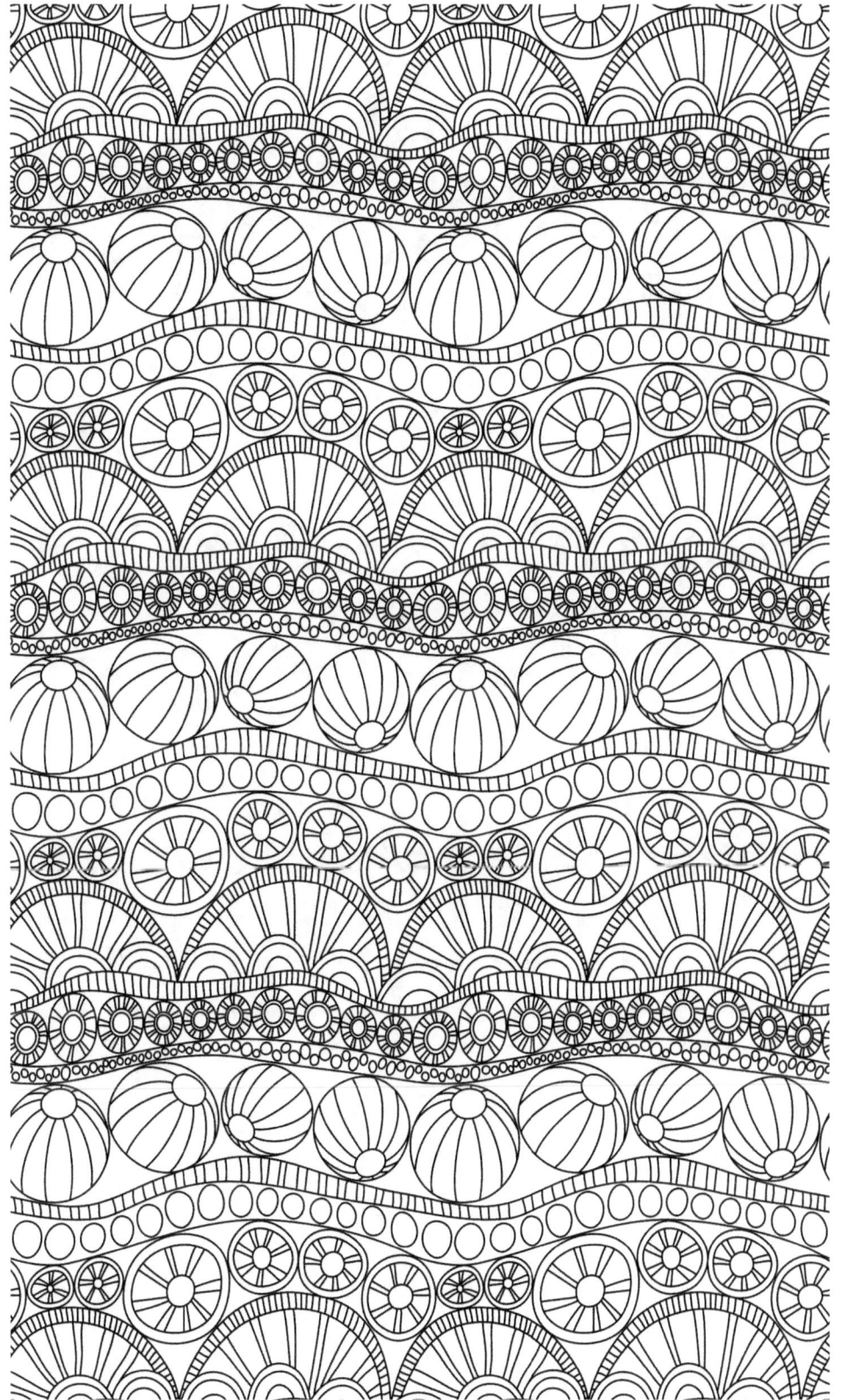

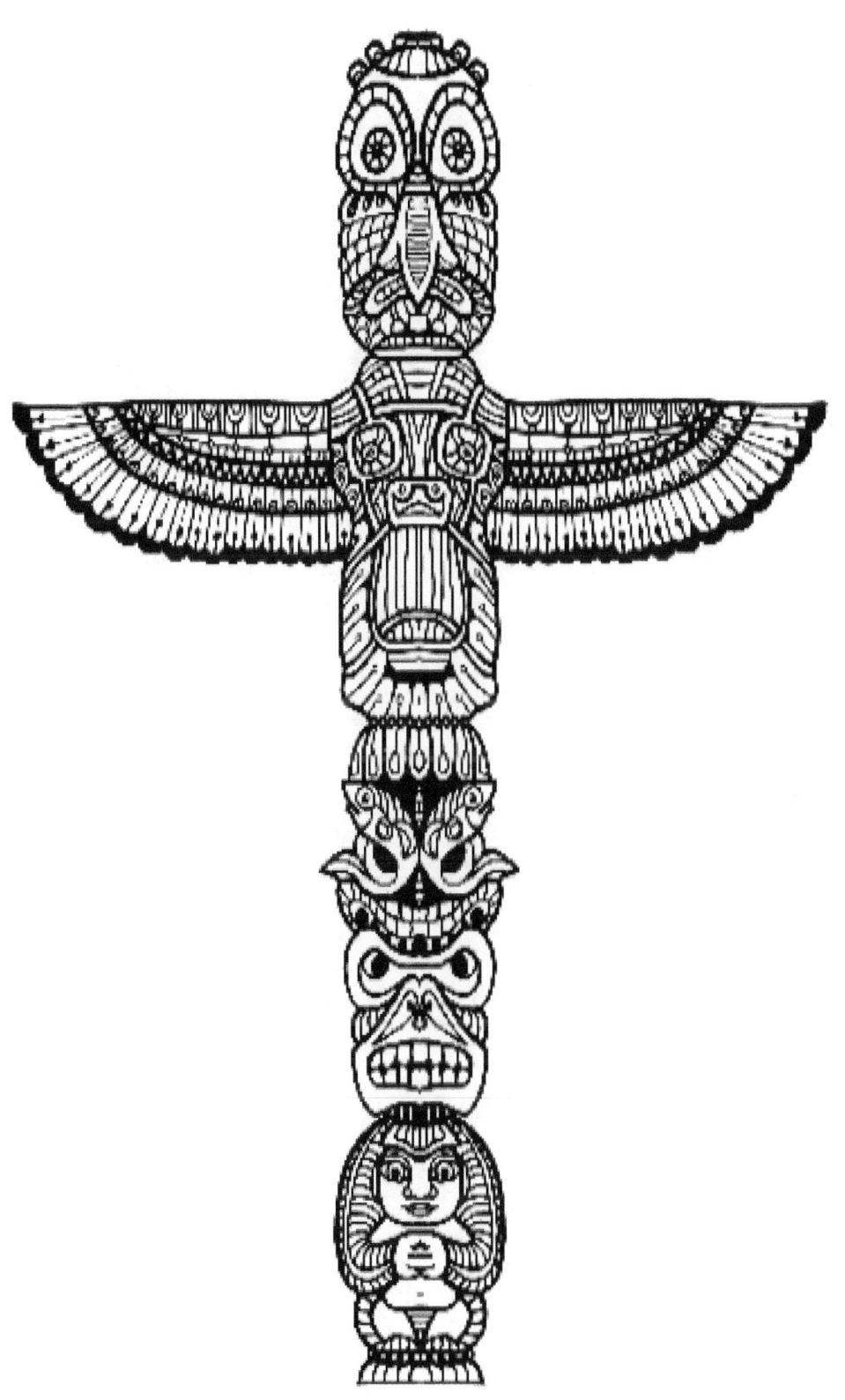

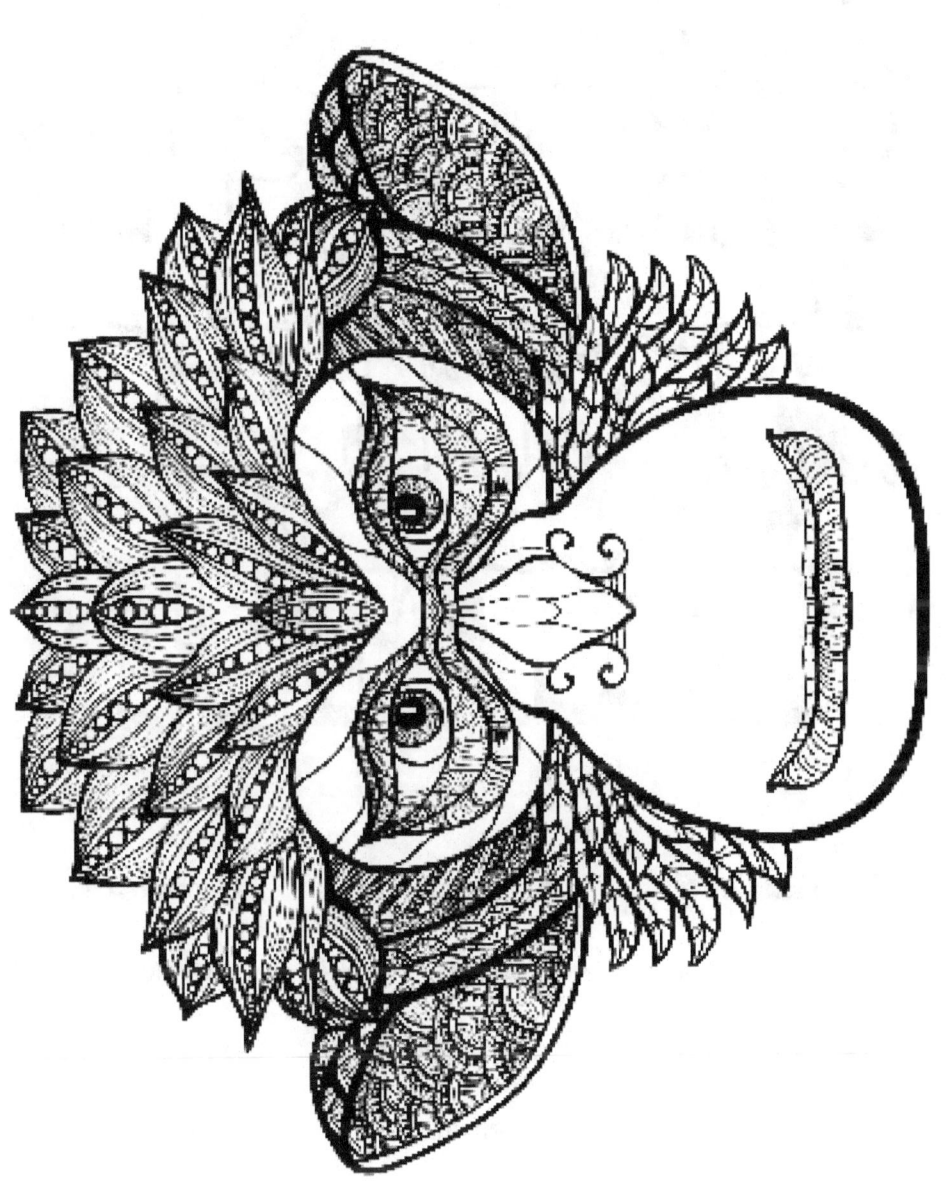

WORD SEARCH: MOTHER EARTH

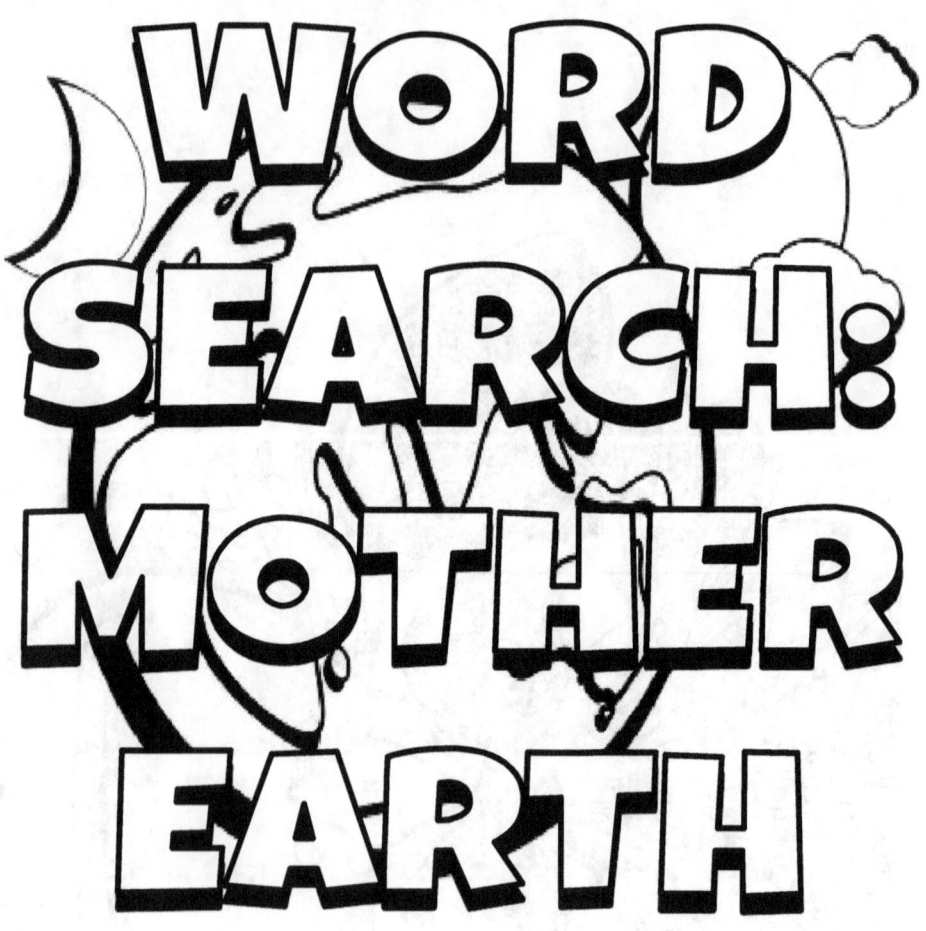

CLEAN AIR	CLIMATE CHANGE	COMPOST
CONSERVATION	EARTH DAY	ECO FRIENDLY
ELECTRIC VEHICLES	ENVIRONMENT	GLOBAL WARMING
RECYCLE	REDUCE	REUSE
REUSABLE BAGS	REUSABLE BOTTLES	SOLAR POWER
SUSTAINABLE	WIND POWER	

```
R X R Z A W I B W W G M V T F J N E X S
P I A E Y O O L I Z Y L N G T C O L G O
J E A F U K T N E A Q E J P L D I C L L
P D V N C S D A X J M D Z I C A T Y O A
V F Q A A P A F H N C T M X U B A C B R
O T U T O E T B O O K A Z A C Y V E A P
F A I W Z B L R L A T B V T G L R R L O
E L E C T R I C V E H I C L E S E I W W
G R C J E V T O C J B R J J H J S J A E
E S D H N S N H X Y X O E W T D N N R R
S C K E O Z A W E M K U T U E L O Y M D
L A O P D N Y B F W C X G T S H C R I U
X T M F G S U S T A I N A B L E H I N F
A O A E R S G A B E L B A S U E R Q G E
C Z Z Q V I E Z F S Y M F H T W S X V N
U P M O Z N E Q M B Y O N Y R E D U C E
Q Z B B K M H N G C P L R S N T W T U H
M U O M P O V F D D Y X E Q M N G A U P
J C S T L P H V S L Y A D H T R A E K H
U F Y R R O Z Q B Z Y K R M N O Y K Q T
```

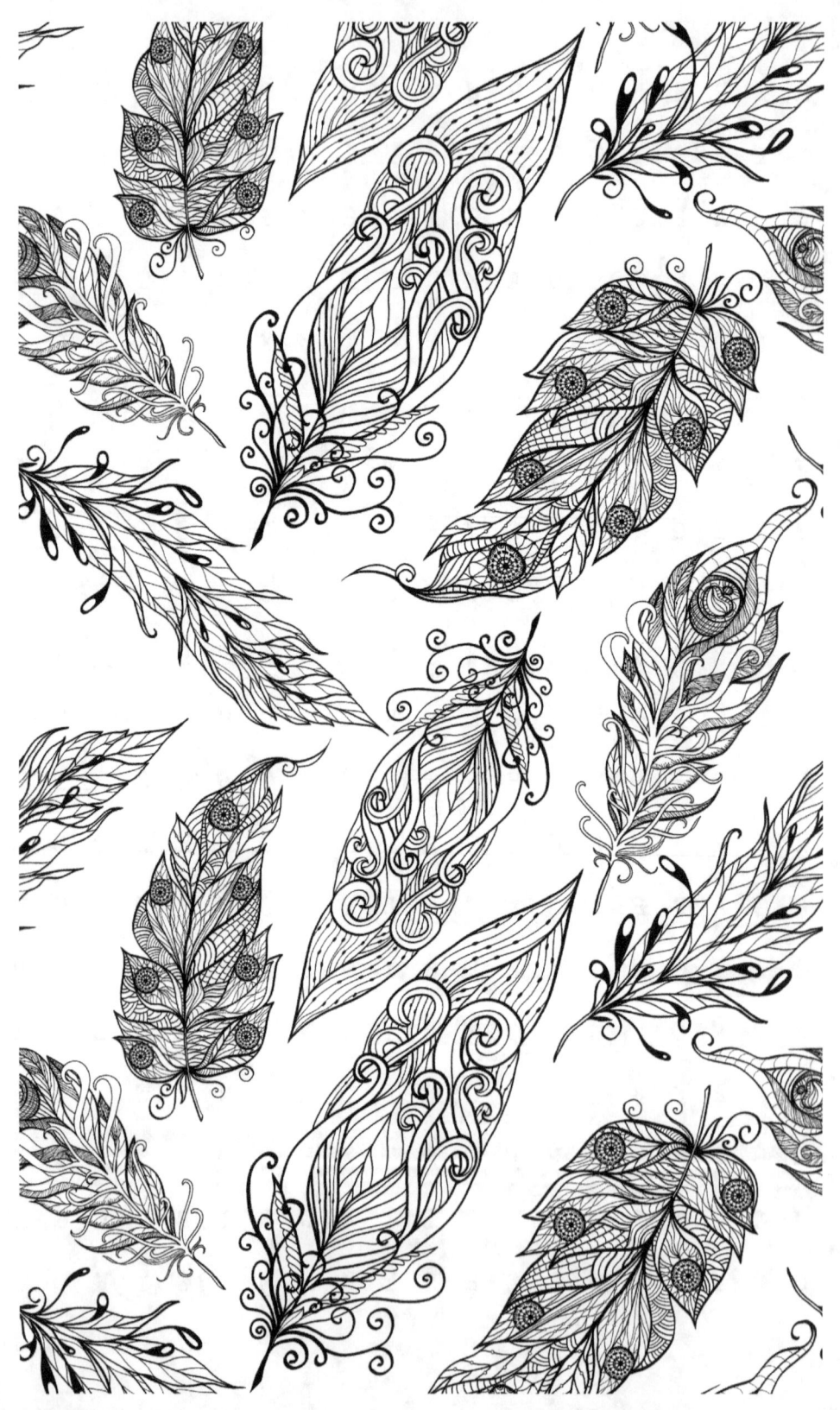

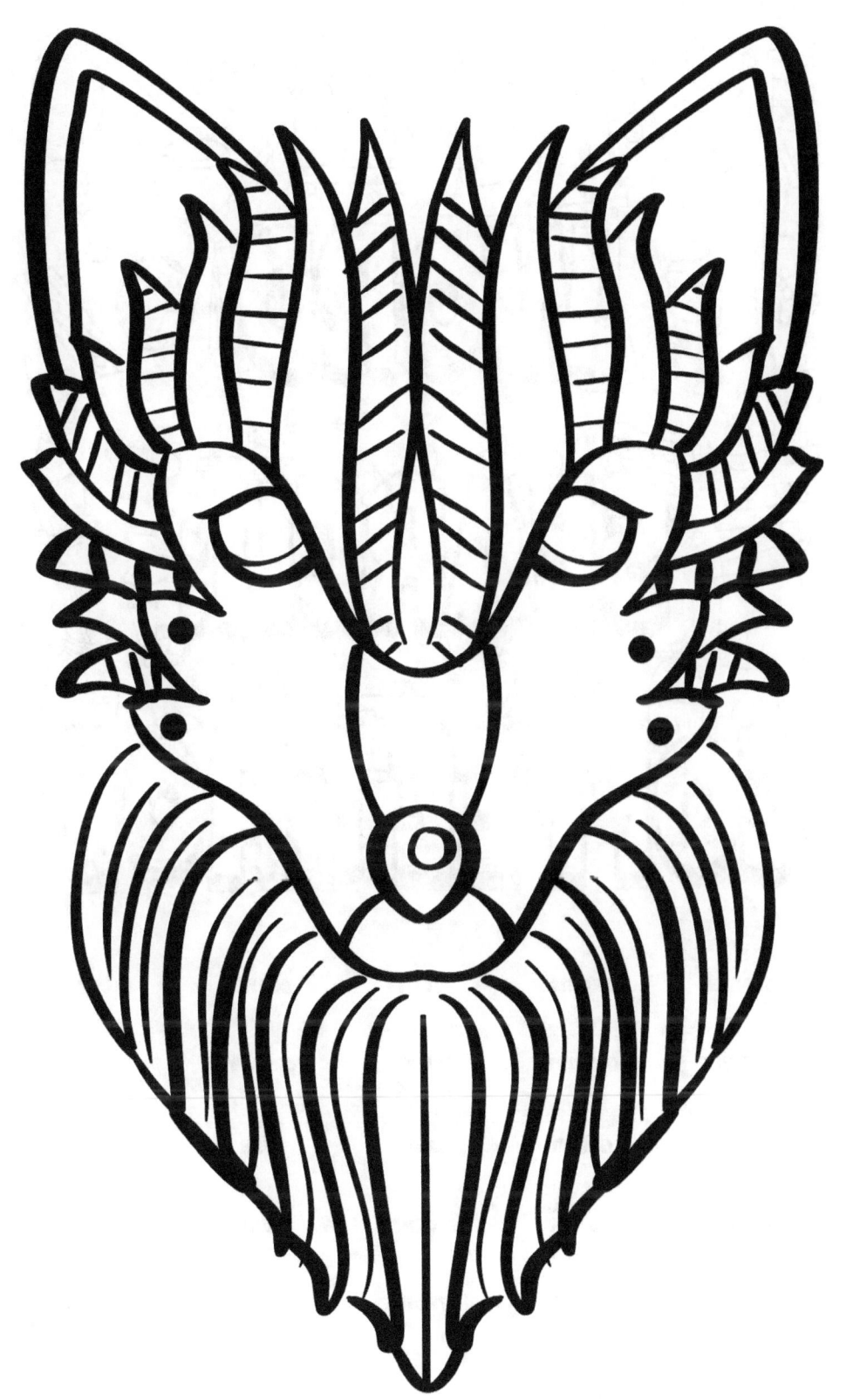

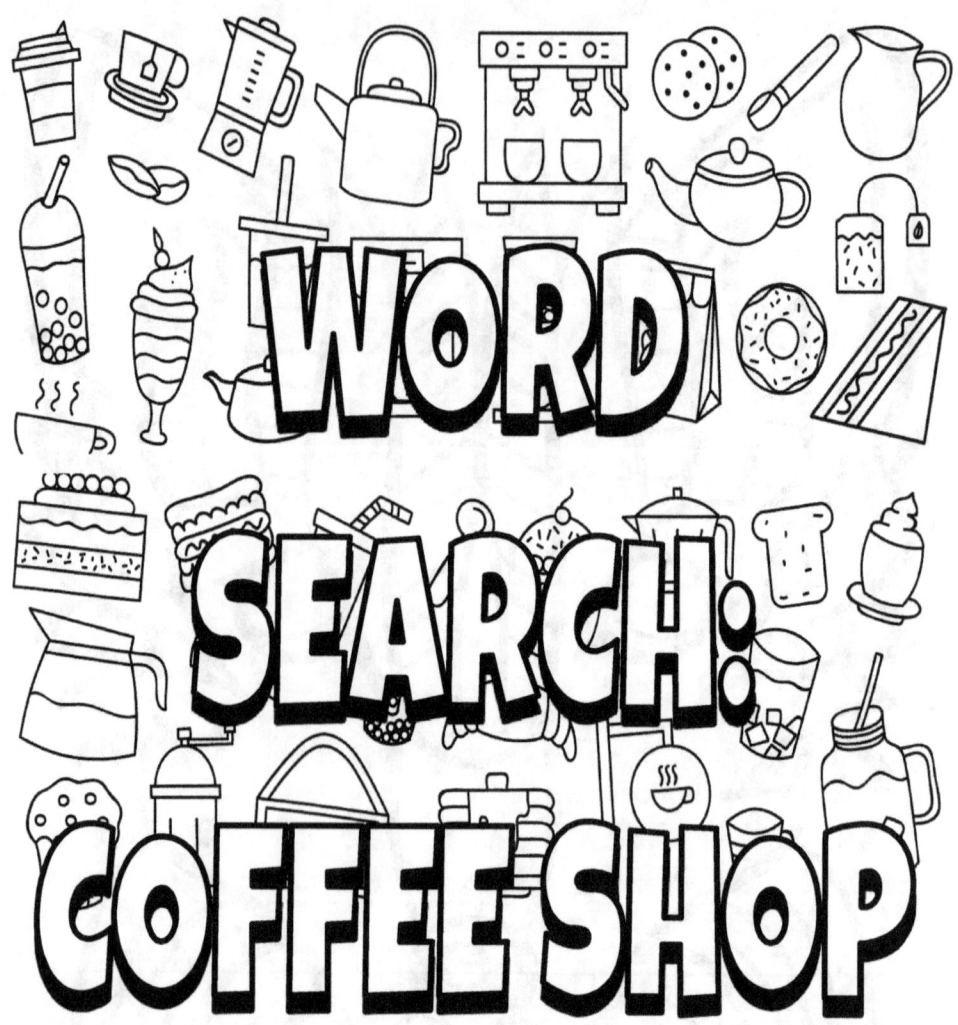

WORD SEARCH: COFFEE SHOP

ARABICA	**AROMA**	**BACH**	**BEANS**	**BLEND**
CAFFEINE	**CHICORY**	**COFFEE HOUSE**	**CREAM**	**CUP**
DECAF	**GREEN**	**GRIND**	**IRISH**	**JAVA**
KAHLUA	**LATTER**	**MOCHA**	**MUUG**	**ROAST**
ROBUSTA	**SPOON**	**STRONG**	**TURKISH**	**UGANDA**

```
J N U I M X Q D C K S M S N G T B S V D
H F Z A C I B A R A L A B V V R J A V A
K A H L U A F S M A X E R D L Q I G K T
I J R L D F L E T Z U R A V V U A N O Y
O P J B E V I T Z F U C M O K T T F D T
I G E I H R E F A P E D T D I G S U G S
R C N J S N A E B K X V R J H R U V Z O
I E C W I C G P N E O K C S T I B D D G
S C I U E S Z J H I A V I M L M O W O Q
H O A D P B Y W L H A K P U S G R E E N
B F D P F V B R C R R S T G F K P L L E
I F G N K K K A O U F H T V G P N D P X
A E P Q E Y B M T C R Q S R I W E Y G K
V E I J S L A N X Y I B G L O M M H Y G
H H K Z K Q B M Q X P H I N U N I J W U
I O L T B X X G G N U L C O G T G E L A
C U O K V Q G T Z F V M U O A D S K Z Q
M S U U T A S J A K N R G P N I W A M S
N E V F S H K X P Z V P X S D A H C O M
B O R A Z J U O A N T P J N A X R M X R
```

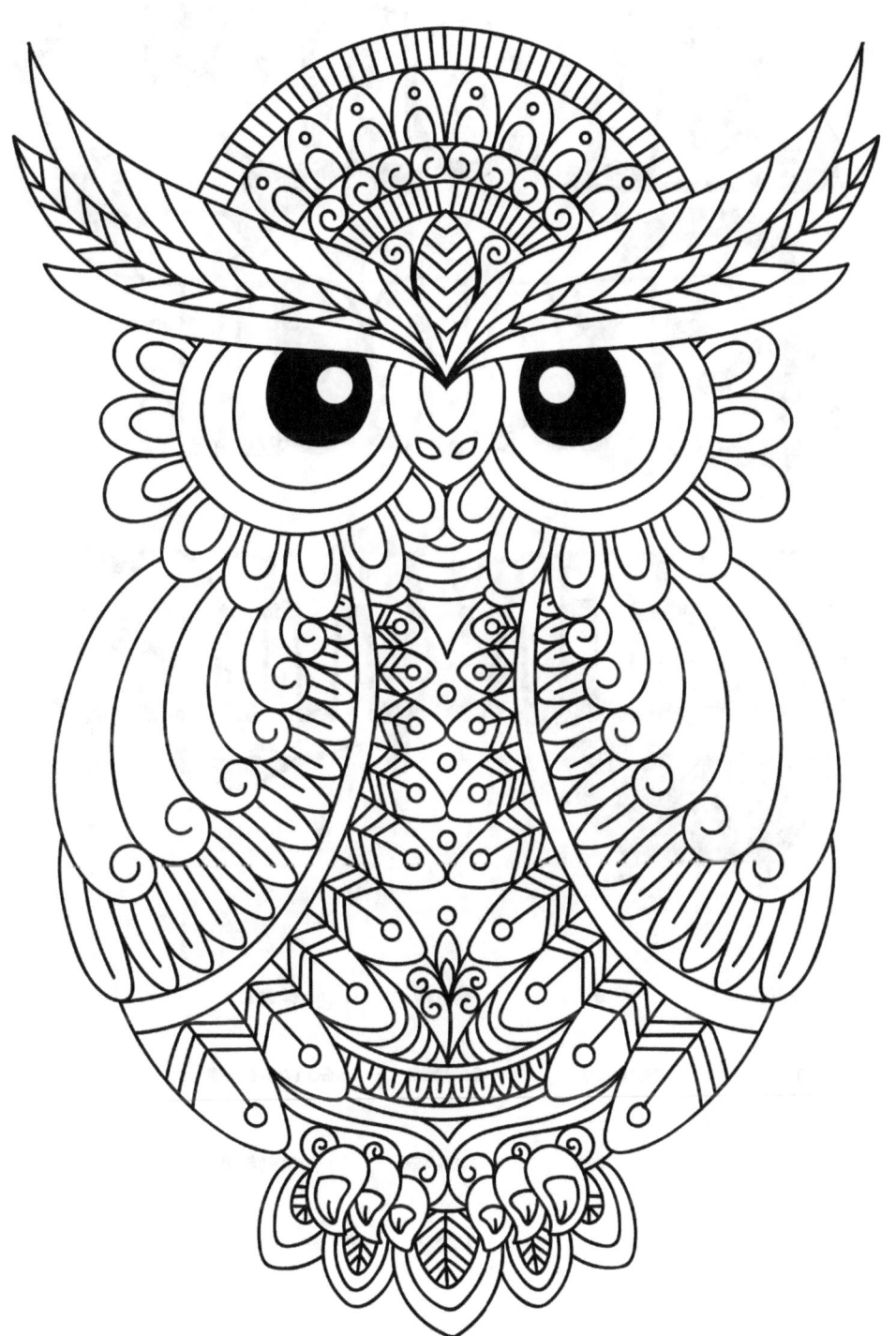

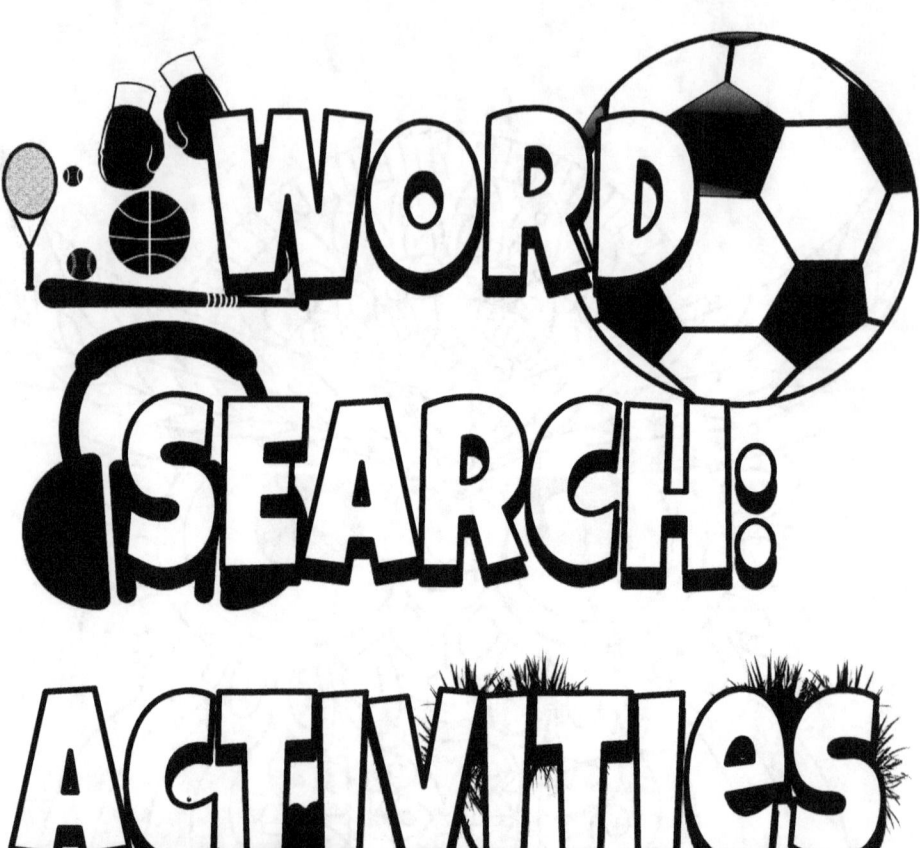

AEROBICS	BAKE	BATH	CLEAN	COOK
DEEP BREATHS	FRIENDS	GARDEN	GO TO A PARK	HIKE
JOURNAL	LAUGHTER	MASSAGE	MEDITATE	MOVIES
MUSIC	PRAY	READ	SUNBATHE	WALK
WATCH TV	YOGA	RELAX	RETREAT	SPORTS

```
A E R O B I C S E C F Y S C C H Q J J
A G O Y W X R G M W P F H M C I F L G P
J P W Z P D A Y S V O N T X M X S A O D
J V B Z C S X I W J Q W A K V O R U I W
P B O O S O K F E M O A E L Z D V J M W
J D P A T L L H T P F A R S E T K I P Q
S B M A A F T D L D O L B N D B G K E Q
Z D X W E C L D K J I N P J I N R B R S
C Z U G R B E A J S M N E P E A E S K R
B W P G T G Y E N X A L E R P M A I H X
R T X D E E C R T E Q D D A S E L S R L
X X Q B R A S Q B E Z C O U N D Z Z K F
L K O C Y L U D A C V T N P A I D A J W
S A O L B K V M T D O B W Q E T B A K E
S O U T J E C S H G A D P E L A S M M I
K E I G W A T C H T V A K R C T P M M Z
H S K N H A C P H Z J C B N A E O H Y O
Y G J I P T F E L A N R U O J Y R S V J
Z L M S H B E J S I N D H I O G T L S G
N P P V M X E R W K O I B B T F S E M M
```

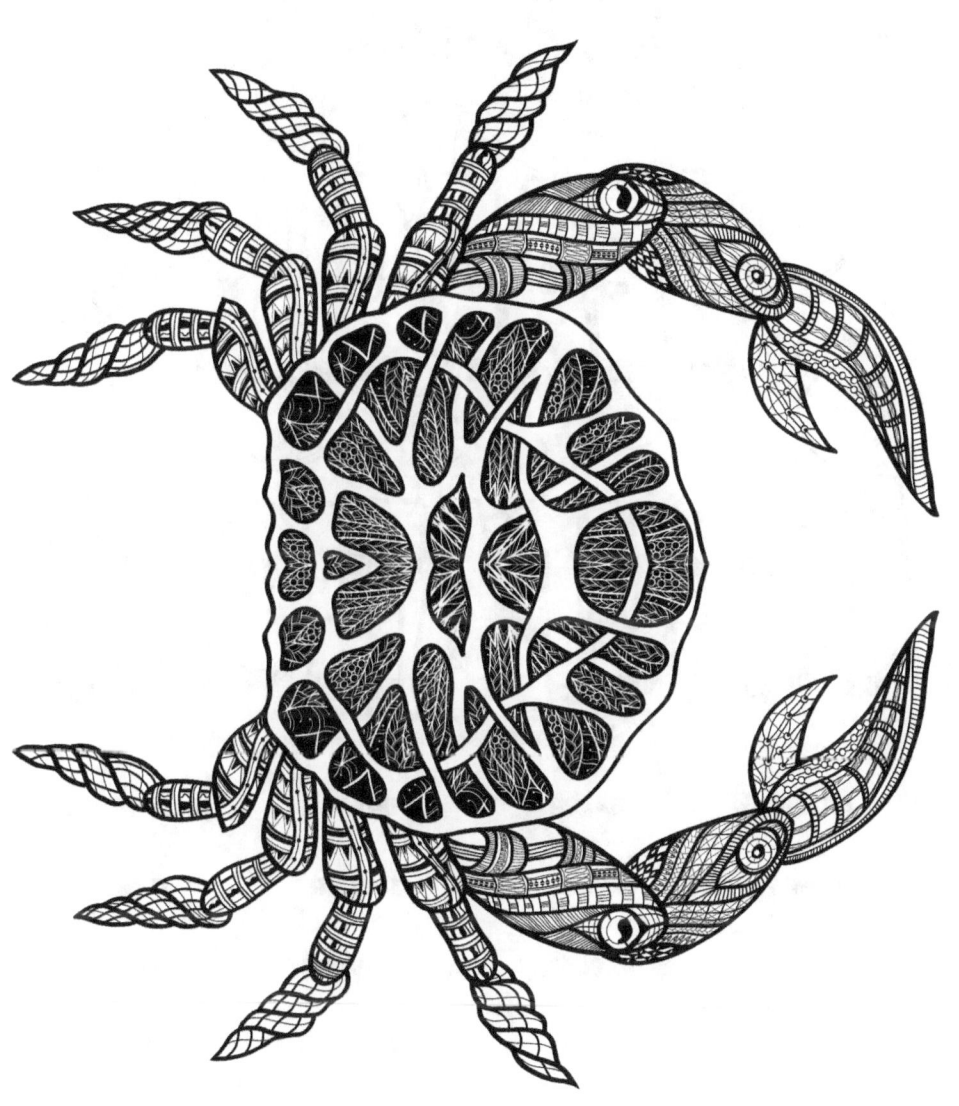

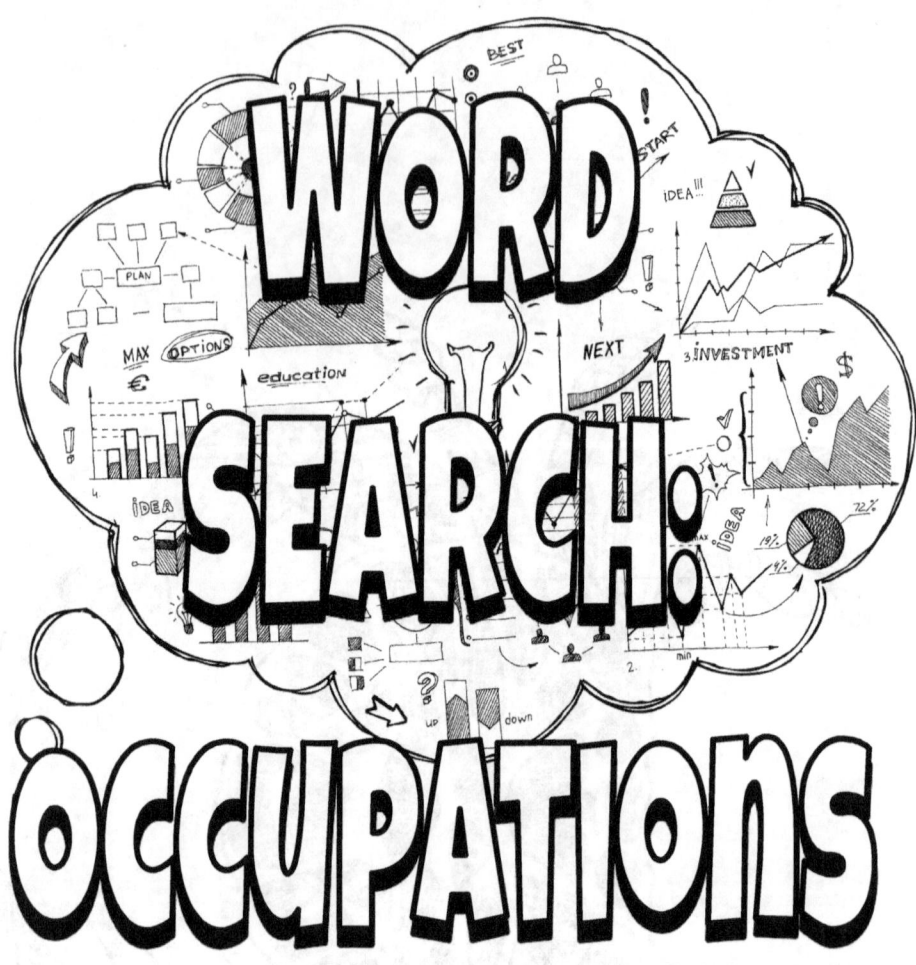

WORD SEARCH: OCCUPATIONS

ARTIST	BAKER	BUYER	CARPENTER
CHEF	CHEMIST	CLEANER	CLERK
COOK	DIRECTOR	DRIVER	EDITOR
LAWYER	NANNY	NURSE	PILOT
POET	PROGRAMMER	TEACHER	TRAINER
TRANSLATOR	TURNER	TUTOR	TYPIST
	WAITER	WELDER	

```
Y P D T I N P P Y R R T R T E Z H L O K
O R O S N O J B E N Q O R E F E O C X Z
Q O T G E A U N T K N A T A Y Z D O O P
O G S T O Y A S T H N A C C I W O O H E
N R I D E E I O F S Y X N H E N A K B S
C A M R L P L E L T E A C H E R E L A R
B M E C Y I W A I T E R G M R F I R K U
X M H T P H T K O I H R D M E I F D E N
T E C K R O K V I S Z F G X N U Z O R J
J R K Z R H K G U B P G H E R S Z M X W
R A O G S M V W Y S L O R O U B J K X K
F J V R O T I D E T U T O R T K R E L C
R P U Z E T X I D W W U G Z V S M Q X O
V E X U Q T N E X R E U K K W D B F H M
Z O M T V F Y E F A J L T X R S B O K B
U E G N S U K I W R Z L D I Q O D L O I
R E T N E P R A C T H P V E M W B M Q G
S M Z M T K D G Q I I E Z B R O V Y H W
F Z V K I R W F K S R L W L C G W S C I
V J M I S J V P F T B G V E O W T B B K
```

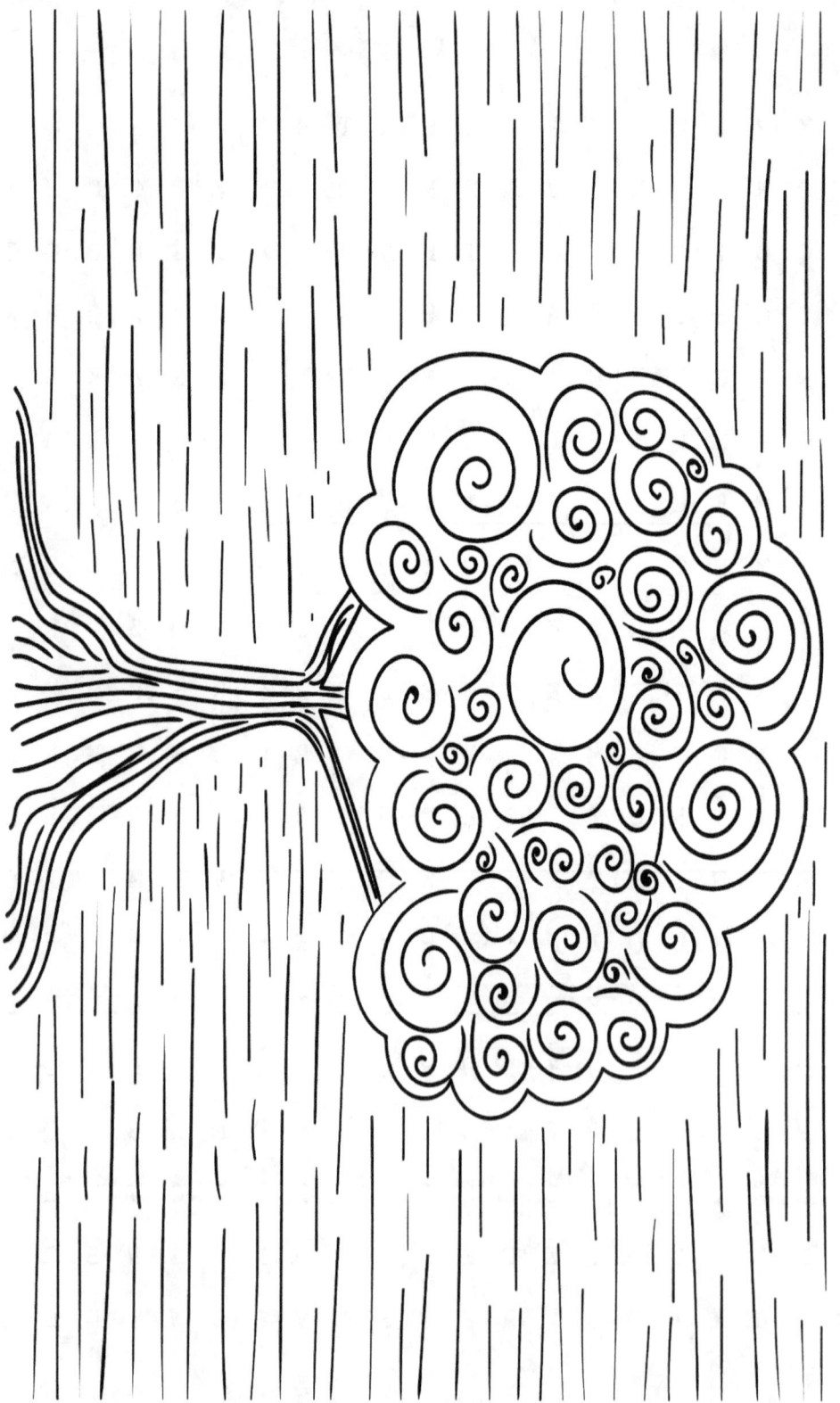

www.ingramcontent.com/pod-product-compliance
Lightning Source LLC
Chambersburg PA
CBHW050319220526
45465CB00005B/2041